Ein Tag in ...
NÜRNBERG

FOTOGRAFIE:
Herbert Liedel
Elmar Hahn

TEXT:
Walter Grzesiek

elmar hahn verlag

LEBENDIGE GESCHICHTE

NÜRNBERG IST FAST 1000 JAHRE ALT

▲ Nürnberg in der Schedelschen Weltchronik um 1500.

Stadtmauer, Burg, Rathaus und Altstadtkirchen sind die Zeugen des Aufstiegs Nürnbergs zur Reichsstadt. Kaiser Heinrich III. gründete vermutlich um 1040 auf einem Felsen nördlich der Pegnitz eine Burg. Die neue Siedlung unterhalb bekam dessen Namen: Felsenberg, Nuorinberg, Nürnberg. Die älteste Urkunde Nürnbergs stammt vom 16. Juli 1050. St. Sebald und St. Lorenz heißen die ersten Stadtteile nördlich und südlich der Pegnitz, die um stolze Stadtkirchen herum gebaut wurden. Das jüdische Viertel an den Flussufern zwischen beiden Stadtteilen, der heutige Hauptmarkt, wurde 1298 in einem Pogrom gegen die dort lebenden Juden zerstört. Die beiden Stadtteile wuchsen in der Folge zusammen.

Kaiser Karl IV. legte 1356 fest, dass neben Frankfurt (Ort der Königswahl) und Aachen (Krönungsort) Nürnberg die Reichsstadt sein sollte, wo nach einer Königswahl der erste Reichstag stattfindet. Ab 1424 wurden die Zeichen der kaiserlichen Macht (Krone, Zepter, Reichsapfel und Schwert) in Nürnberg aufbewahrt. Alle Handelswege nach Osten führten über Nürnberg. Dessen Kaufleute profitierten zudem vom Erfindungsreichtum der heimischen Handwerker, der Weltruf genoss.

Immer stärker bestimmten die Patrizier, die vermögendsten und einflussreichsten Bürger, die Geschicke der Stadt. Entdecker und Tüftler wie Martin Behaim (Globus) und Peter Heinlein (Taschenuhr) lebten hier, neben Albrecht Dürer die berühmten Kirchenkünstler Peter Vischer, Adam Kraft und Veit Stoß. Nürnberg schloss sich als eine der ersten großen Städte dem Protestantismus an.

Die Blütezeit der Stadt währte bis zum Dreißigjährigen Krieg. Als Nürnberg 1806 jedoch an Bayern fiel, war die Stadt verarmt. Den entscheidenden Wiederaufschwung ermöglichte die Industrialisierung: Maschinenbau-, Elektro-, Zweirad-, Spielwaren- und Bleistiftfabriken machten Nürnberg zu

einem der größten Wirtschaftszentren Süddeutschlands. 1835 fuhr zwischen Nürnberg und Fürth die erste deutsche Eisenbahn. Unternehmen wie Siemens, AEG, Staedtler oder Zündapp begründeten in jener Zeit ihren Ruhm.
Im Dritten Reich wurde Nürnberg die „Stadt der Reichsparteitage“. Die Nationalsozialisten knüpften an das schon im 19. Jahrhundert romantisierte Bild von der „deutschesten aller deutschen Städte“ an, holten die in Wien ausgelagerten Reichskleinodien zurück, restaurierten Fachwerke, Burg und Stadtmauer. Hitlers Architekt Albert Speer

▲ Kaiser Karl der Große (768 - 814) mit den Reichskleinodien Schwert, Krone und Apfel, gemalt von Dürer 1511, Germanisches Nationalmuseum Nürnberg.
◥ Albrecht Dürer im Selbstbildnis um 1500, Alte Pinakothek München.

plante gigantische neoklassizistische Aufmarsch- und Versammlungsbauten. Rund um den Dutzendteich entstand so bis Kriegsbeginn die größte Baustelle Deutschlands, betrieben von Zwangsarbeitern. Am 2. Januar 1945 wurde die Stadt durch einen englischen Luftangriff komplett zerstört, es gab 1850 Tote. Nach dem Krieg entschloss man sich zu einem historisch getreuen Wiederaufbau der Altstadt. Heute hat Nürnberg das historische Erbe des Dritten Reiches mit Museen und Gedenkstätten angenommen.

Die Öffnung Osteuropas und der Aufbruch der europäischen Wirtschaft nach Fernost werden als Chance gesehen. Der Flughafen ist Drehkreuz nach Mittel- und Osteuropa. Der Nürnberger Hafen am Rhein-Main-Donau-Kanal mit einem Güterverkehrszentrum Wasser-Schiene-Straße ist transkontinentaler Umschlagplatz. In Nürnberg kreuzen sich Autobahnen aus allen Himmelsrichtungen. Der von der Europäischen Union dem Ballungsraum verliehene Titel „Metropolregion Nürnberg“ stärkt bei den Franken und angrenzenden Oberpfälzern das Zutrauen in die eigenen Fähigkeiten.

1 DIE KAISERBURG
AUFSTIEG IM SCHUTZ DER KAISER

Auch wenn die Zeit für eine Burgbesichtigung fehlen sollte: Den Blick von der Freiung aufs Dächermeer der Altstadt muss man sich gönnen. Von der Burg aus lässt sich eintauchen in die Kulisse einer mittelalterlichen Metropole. Denn die meisten Gebäude innerhalb des fünf Kilometer langen Mauerrings sind zwar Nachkriegsbauten, folgen in Grundriss und Gestalt aber ihren Vorgängern vergangener Jahrhunderte: In engen Straßen schmiegen sich schmale, höchstens fünfgeschossige Häuser aneinander. Sie bilden mit ihren roten Giebeln den Hintergrund für die grünspanbezogenen Türme von St. Sebald und St. Lorenz, von Frauenkirche und Rathaus.

Einst drei Burgen

Von der Freiung aus überblickt man auch alle drei Teile der Burg: die Kaiserburg mit Sinwellturm und Tiefem Brunnen im Westen, die städtische Burg mit der Jugendherberge (einst Kaiserstallung) und dem Turm „Luginsland“ im Osten und dazwischen die Burggrafenburg, von der noch Freiung,

Fünfeckturm und Walpurgiskapelle sichtbar sind. Vor der Kasse zum Burgmuseum im Inneren Burghof rekonstruiert ein Film die 1000-jährige Baugeschichte der Burg. Eine Besichtigung der Kaiserburg ist mit Audioguide oder mit Führung möglich. Die Rundtour beginnt im großen Rittersaal, führt zu Doppelkapelle und über die Kaiserempore zu den Räumen im Obergeschoss und zur Kemanate. In diesen einstigen kaiserlichen Wohnräumen ist jetzt das Kaiserburg-Museum untergebracht.

◥ Der Sinwellturm, davor der Eingang zum Tiefen Brunnen.
▼ Die Kaiserburg vom Fünfeckturm aus gesehen, links der Sinwellturm, in der Mitte der Heidenturm mit Palas.

Abstand vom Volk

Der Rittersaal hat eine gewaltige Balkendecke. Am Portal zur Oberkapelle finden sich spätgotische Fresken mit Christus als Weltenrichter, seiner Mutter Maria und Johannes dem Täufer. Die romanische Doppelkapelle, der kunsthistorisch interessanteste Teil der Kaiserburg, veranschaulicht die Aufteilung der mittelalterlichen Gesellschaft: Im dunklen Untergeschoß, der Margaretenkapelle, versammelte sich das Volk, das nur vom Burghof aus Zutritt hatte. Vom Palas aus kamen in der oberen Kaiserkapelle mit Altar und Kaiserempore die höheren Stände zusammen. Nur eine quadratische Öffnung verbindet die beiden Ebenen.

Eine Treppe zwischen Kapelle und Palas führt zur Kaiserempore, die dem Kaiser auch Abstand von seinem Gefolge gewährte. An die Kapelle grenzt ein Chorturm. Von ihm schlug man im 16. Jahrhundert die Verzierungen der Außenfassade ab. Die verwitterten Skulpturen hielt man für heidnische Darstellungen, weshalb der Turm bis heute auch Heidenturm heißt.

Burgmuseum
Auf der Burg 13, 90403 Nürnberg
Tel. (09 11) 24 46 59 - 0
April - September: 9 - 18 Uhr
Oktober - März: 10 - 16 Uhr
täglich geöffnet
Audioguide in sechs Sprachen
Führungen 11, 14 und (nur im Sommer) 16 Uhr
www.kaiserburg-nuernberg.de

Im Kaisersaal der Burg erläutert neuerdings eine Multi-Media-Ausstellung die Geschichte des deutschen Kaiserreichs und Nürnbergs Rolle als Kaisersitz. So lässt sich zum Beispiel nachlesen, zu welchen Zeiten welche Kaiser und Könige in Nürnberg Station machten. Ein Film erklärt das berühmte „Männleinlaufen“ der sieben Kurfürsten, das man bis heute jeden Mittag vom Hauptmarkt aus auf der

◀ Die romanische Doppelkapelle war geteilt. Das linke Bild zeigt die obere Etage für den Kaiser mit Altar und Heiligenbildern. ▼ In der unteren Margaretenkapelle blickte das Volk auf verzierte Säulen, nur eine Öffnung verbindet die beiden Ebenen.

Empore der Frauenkirche beobachten kann. Dabei wird die Funktion dieser Kurfürsten bei der Wahl des Kaisers erklärt. Auch die Bedeutung der sogenannten Reichskleinodien wird illustriert. Diese Symbole kaiserlicher Herrschaft (Reichsapfel, Krone, Lanze) wurden über Jahrhunderte in Nürnberg verwahrt und zu Festtagen am Hauptmarkt ausgestellt.

Die ursprüngliche Ausstattung der kaiserlichen Räume existiert nicht mehr - sofern diese in Zeiten der reisenden Kaiser überhaupt dauerhaft möbliert waren. Original erhalten sind aber Wandvertäfelungen und verzierte Decken. In der Kaiserlichen Stube ließ Friedrich III. Ende des 15. Jahrhunderts die ganze Decke mit einem riesigen doppelköpfigen Reichsadler gestalten.

Der Rundgang durch die Burg führt weiter in die Kemenate. Die einstigen Wohnräume bieten wunderschöne Ausblicke auf Burghof, Garten und die ganze Stadt. Beim Gang über steile Holztreppen zu den einzelnen Etagen gewinnt man auch Einblicke in die Vielfalt der einstigen kaiserlichen Waffen, in die Nutzung der Burg als Sternwarte oder in die historischen Feierlichkeiten auf der Burg mit großen Feuerwerken. Heute jedoch ist jede Knallerei an Silvester im ganzen Burgbereich verboten.

Der Sinwellturm hat seinen Namen aufgrund seiner Form (mittelhochdeutsch: sin = groß, well = rund). Er wurde schon im 12. Jahrhundert gebaut. Dieser Bergfried, als höchster Turm der Burg sollte abschreckenden Charakter haben, dient aber auch als Aussichtspunkt, um Feinde von fern zu erkennen. Der Tiefe Brunnen mit seinem über 50 Meter tiefen Schacht weit in den Sandsteinfels hinein sollte vermutlich schon im 12. Jahrhundert Trinkwasser während einer Belagerung sichern.

▼ Der Eingang zur Kaiserburg (hinten) mit dem Chor- oder Heidenturm links.

Die Kaiserstallung mit ihrem vielstöckigen fränkischen Giebeldach dient seit vielen Jahren als Jugendherberge. Auch nach ihrer Modernisierung vor einigen Jahren bleibt sie eines der romantischsten und beliebtesten Jugendhotels in Deutschland. Der „Luginsland“, der viereckige Turm an der Ostseite des mächtigen Baus, war ursprünglich eine Provokation der Nürnberger gegenüber den Burggrafen, die in Zeiten der Abwesenheit des Kaisers Güter und Burg sichern sollten: Die Städter errichten im Ostteil des Burggeländes einen Turm, von dem aus man aber nicht – wie versprochen - ins Land hinaus lugte, sondern direkt in den Hof des Burggrafen hinein. Im Bayerischen Erbfolgekrieg brannten bayerische Truppen 1420 die Burggrafenburg nieder, die Nürnberger kauften die Ruine günstig und errichteten dann dort die Kaiserstallung, ein Kornhaus und Stallgebäude. Der Fünfeckturm an seiner Westseite ist ein trutziger Wehrturm aus dem 12. Jahrhundert.

Raubritter Eppelein

Vor dem Turm findet der Besucher in der Mauer zum nördlichen Graben hin angeblich die Hufspuren des Pferdes von Raubritter Eppelein von Gailingen. Wahr ist, dass die Raubritter im Windschatten der Auseinandersetzungen zwischen Fürsten und Städten die Nürnberger Kaufmannszüge bedrohten. Dass Eppelein seiner Hinrichtung in Nürnberg jedoch dadurch entkam, dass er auf seinem Pferd in einem tollkühnen Sprung über den 30 Meter breiten Burggraben hechtete – ist eine hübsche Sage. Hingerichtet wurde Eppelein schließlich 1381 in Neumarkt in der Oberpfalz.

Ein Spaziergang durch den Burggarten im Nordwesten des Geländes lohnt sich (im Winter geschlossen). Seine Befestigungen sind ein Baukunstwerk des 16. Jahrhunderts. Der Italiener Antonio Fazuni schuf sie in ihrer Zickzackform ohne toten Winkel. Da Brücken und Tunnel bogenförmig gebaut sind, hatte der Feind keine Chance zum direkten Beschuss. Ein neuerer Erholungsort ist der Maria Sibylla Merian-Garten (vor dem Heidenturm). Er erinnert an die im 17. Jahrhundert in Nürnberg lebenden Künstlerin und Naturforscherin und beherbergt sogar einige tropische Pflanzenarten, die Merian in Südamerika entdeckte.

◀ Blick vom Tiergärtnertorplatz zur Burg.
▼ Die Burganlage aus der Luft gesehen. Der runde Sinwellturm links oben und die Burggärten mit der gesamten Festungsanlage im Vordergrund.

2 ALBRECHT-DÜRER-HAUS

EINBLICKE IN DAS LEBEN DES MEISTERS

Das Albrecht-Dürer-Haus liegt im Westen des Tiergärtnertorplatzes, unterhalb der Burg. Hier lebte und arbeitete der Meister von 1509 bis 1528. Heute ist das Albrecht-Dürer-Haus ein Museum. In der Maler- und Druckwerkstatt aus der Dürer-Zeit werden dem Besucher die künstlerischen Techniken des Malers wie Kupferstich und Holzschnitt nahegebracht.
Eine Multivisionsschau erläutert Werk und Werkstatt des Malers. Und in einem siebensprachigen Audio-Guide führt Ehefrau Agnes durch den Alltag des mittelalterlichen Künstlerhaushalts. Eine neue Dauerausstellung im Albrecht-Dürer-Haus präsentiert Dürers Werk als qualitätsvolle Kopien. 1627 bot Nürnberg dem bayerischen Kurfürsten Maximilian I. diese Kopien dafür an, wenn er Albrecht Dürers berühmte „Vier Apostel“ von 1526 nicht in seine Münchner Sammlung entführen würde. München sicherte sich bekanntlich die Originale – bis heute. Die Nürnberger sicherten sich die wichtigen Dürer-Gemälde als Kopien. Dieser über die Jahrhunderte gesammelte Bestand bietet einen Querschnitt durch Dürers künstlerisches Hauptwerk, der nun im neuen Dürer-Saal des Hauses gezeigt wird. Das Graphische Kabinett

im dritten Stock präsentiert außerdem in Wechselausstellungen die Bestände der Graphischen Sammlung der städtischen Museen.

Das viergeschossige Dürer-Haus aus dem Jahr 1420 ist das einzige, weitestgehend original erhaltene Künstlerhaus der Renaissance in Nordeuropa. Es ist aber auch ein gut restauriertes Beispiel für ein Nürnberger Bürgerhaus mit hohem Sandsteinsockel, spätmittelalterlichem Fachwerk und vorgeblendetem Balkon. Gleich gegenüber ist das spätgotische Pilatushaus sehenswert. Das Wohnhaus von 1489 mit achteckigem Spitzerker gehörte dem Harnischmacher Hans Grünwald. Das Standbild des Drachentöters St. Georg ist sein Hauszeichen. Auch das Wappen der Familie von Aufseß ist über dem Eingang angebracht, weil der Gründer des Germanischen Nationalmuseums Hans von Aufseß dort lebte.

Albrecht-Dürer-Haus
Albrecht-Dürer-Straße 39, Nürnberg
Tel. (09 11) 2 31 - 25 68
Öffnungszeiten: Di-Fr 10-17 Uhr
Do 10-20 Uhr
Sa-So 10-18 Uhr
Juli-September und während des Christkindlesmarkts Mo 10-17 Uhr
www.museen.nuernberg.de/duererhaus

◀ ▲ Neben Gemälden und Informationen über das Leben des Meisters zeigt das Haus auch die Dürerschen Wohn- und Küchenräume.

◀◀ Das Albrecht-Dürer-Haus.

3 WEISSGERBERGASSE
BOUTIQUEN IM FACHWERKLOOK

Die Weißgerbergasse ist heute tagsüber ein Ort zum Bummeln durch schicke Boutiquen, am Abend ein Ort der Jugend mit urigen Kneipen und Biergärten. Hier stehen noch über 20 mehrstöckige mittelalterliche Häuser, zum Teil nur zwei Fensterachsen breit. Das Ensemble vermittelt ein sehr kompaktes Bild des mittelalterlichen Nürnberg. Einige Gebäude ließ der rührige Verein der Altstadtfreunde mit akribischer Forschung und handwerklichem Sachverstand erst in den letzten Jahren wiederherstellen. Die archäologischen Grabungen ergaben hierbei auch sichere Anzeichen dafür, dass die ältesten Anwesen schon etliche Jahrzehnte vor dem offiziellen Stadtgeburtstag 1050 nahe der Pegnitz standen.

In den Fachwerkbauten siedelten sich einst die Leder verarbeitenden Weißgerber an. Mit Hilfe des Minerals Alaun stellten sie helles, feines Leder her, weichten die Häute in gemauerten Becken im Keller ein, bearbeiteten sie mit einem Stampfer, schabten mit Spezialmessern den Talg ab und trockneten das Leder dann auf Gestellen an der Stadtmauer. Messer und Stampfer sind an der Fassade des Hauses Nr. 24 zu sehen. Das Handwerk der Weißgerber brauchte viel Wasser und erzeugte viel Schmutzwasser. Die nahe Pegnitz war somit der entscheidende Standortfaktor.

▼ Auch am Abend ist die autofreie Weißgerbergasse einen Besuch wert.

4 DIE FELSENGÄNGE
HISTORIE UNTER DER BURG

Am Albrecht-Dürer-Platz führen zwei Eingänge in den Untergrund der Stadt: Die Felsengänge sind eine vier Etagen tiefe Stollenanlage von insgesamt 25000 Quadratmeter Fläche.
Sie wurde mühsam mit Hammer und Meißel in den Sandsteinfels geschlagen und diente seit 1380 zur Herstellung und Lagerung von Bier, aber auch zur Gewinnung und zum Transport von Trinkwasser. Ein ausgeklügeltes Belüftungssystem und der stabile Sandstein sicherten dem weitläufigen Labyrinth unter der Burg jahrhundertelangen Bestand. Im Zweiten Weltkrieg bot es vielen Bürgern Schutz vor Luftangriffen. Weniger bekannt ist der Historische Kunstbunker, eine Anlage, in der viele weltberühmte Kunstwerke den Weltkrieg überstanden: der Engelsgruß der Lorenzkirche, die Reichskleinodien, der Behaimsche Globus oder das Männleinlaufen.

Felsengänge, Bergstraße 19
Tel. (09 11) 24 49 85 9
Führungen: Mo-Fr 11-17 Uhr, jede volle Stunde
Sa-So 11-17 Uhr, jede volle Stunde
www.historische-felsengaenge.de

▲▼ Die Felsengänge sind eine gigantische mittelalterliche Stollenanlage.

5 SEBALDUSKIRCHE

EIN HEILIGER ALS STANDORT-FAKTOR

Chörlein nennen die Nürnberger ihre anstelle eines Fensters im ersten Stock angesetzten Vorbauten aus Holz oder Stein. Sie dienten oft als Hausaltar und unterlagen strengen Bauvorschriften, daher das einheitliche Bild. Von den einst 450 Chörlein sind heute über 80 wieder aufgebaut. Das Pfinzing-Chörlein gehört zum Sebalder Pfarrhaus am Kirchplatz, gegenüber dem wieder aufgebauten Schürstabhaus. Das Original des Chörleins befindet sich heute im Germanischen Nationalmuseum. Die Glasfenster entstanden teils nach Entwürfen von Albrecht Dürer, dessen großes Denkmal den gleichnamigen Platz nördlich Richtung Burg ziert.

Die Sebalduskirche selbst mit dem Grab des Stadtpatrons führt zurück zur

Entstehung Nürnbergs. Der heilige Sebald war möglicherweise Pfarrer und gehörte vermutlich einer Frömmigkeitsbewegung an, die die Kirche aus ihrer Abhängigkeit vom Adel befreien wollte. Schon zu Lebzeiten wurde er als Wunderheiler verehrt. Nach seinem Tod Mitte des 11. Jahrhunderts trugen Wunderlegenden, Wallfahrtszüge und Pilgerströme zu Nürnbergs wirtschaftlichem Aufschwung bei. 1425 wurde Sebaldus heiliggesprochen. Im Aufschwung der Reichsstadt wurde er der Schutzherr gegen die Burggrafen und der Patron der Kaufleute.

Die Sebalduskirche entstand Mitte des 13. Jahrhunderts als doppelchorige, spätromanische Pfeilerbasilika. Anfang des 14. Jahrhunderts verbreiterte man die Seitenschiffe, erhöhte die Türme im hochgotischen Stil, baute einen dreischiffigen Hallenchor und den Hochaltar. Barockisierungen und Emporen wurden Anfang des 20. Jahrhunderts wieder zurückgebaut. Ende des Zweiten Weltkriegs wurden sämtliche Dächer, Chorgewölbe und die beiden Türme weitgehend zerstört.

Der Sakramentsschrank (um 1370) ist eines der ältesten Beispiele für die Verehrung des Leibes Christi. Das Taufbecken entstand um 1430, der Petersaltar um 1480. Der „Fürst der Welt" an der Nordseite zeigt einen von Würmern zerfressenen Rücken, Sinnbild der Vergänglichkeit des Menschen. Veit Stoß schuf die Volckamersche Passion im Ostchor (1499). Aus der Werkstatt des Metallgießers Peter Vischer stammt das Sebaldus-Grabmal. Dessen filigranen Verzierungen zeigen schon Renaissance-Elemente: Apostel, Heili-

◀ Das Pfinzing-Chörlein des Sebalder Pfarrhauses (am Platz oberhalb der Kirche) gehört zu den künstlerisch wertvollsten in Nürnberg. ◣Blick vom Hauptmarkt auf Sebalduskirche und Burg. ▼ Direkt vor der Sebalduskirche lockt ein Bratwurst-Lokal.

ge, Propheten, antike Helden, Putten, Fischweibchen, Schnecken, Delphine. Selbstbewusst hat der Künstler neben dem hl. Sebald auch sich selbst als stolze Figur verewigt.
Die Nürnberger waren zwar frühe und entschlossene Anhänger der Reformation, verzichteten aber in St. Sebald und St. Lorenz – anders als anderswo in Europa – aufs Zerstören der Heiligenfiguren. Denn die Kunstschätze waren Spenden der Patrizier. Die Stadtherren wollten „ihre" Denkmäler erhalten sehen.

▶ Das Sebaldusgrab aus der Werkstatt von Peter Vischer.

▼ Blick ins gotische Hauptschiff der Sebalduskirche.

6 TUCHERSCHLOSS
RENAISSANCE-GARTEN ZUM AUSRUHEN

Das Tucherschloss östlich des Egidienbergs wurde 1544 von der Patrizierfamilie Tucher als Sommersitz gebaut. Nürnberger Spätgotik, italienische Renaissance und französische Schlossarchitektur sind hier als Stilformen vertreten. Das Schloss gibt Einblick in das Leben der mächtigen Patrizier. Und es ist eine erholsame Insel inmitten der Altstadt. Gezeigt werden dort wertvolle Möbel, Tapisserien und der silberne Doppelpokal des ursprünglich aus Wien stammenden Goldschmieds Wenzel Jamnitzer.

Ein Porträt von Hans VI. Tucher im Schloss stammt von Michael Wolgemut. Der Maler und Holzschnitzer schuf zahlreiche Altäre und arbeitete an der Schedelschen Weltchronik mit. Sein Schüler Albrecht Dürer zeichnete ein einfühlsames Altersporträt seines Lehrherrn (Germanisches Nationalmuseum).

▶ Das Tucherschloss mit seinem Renaissance-Garten.

▼ Der Hirsvogelsaal von 1534 wurde im alten Stil wieder aufgebaut.

Zum Schloss gehört ein romantischer Renaissance-Garten mit Obstbäumen und Kräutern sowie der aus dem 16. Jahrhundert rekonstruierte Hirsvogelsaal, einer der schönsten Renaissance-Räume Deutschlands.

Er gehörte zu einem Anwesen ebenfalls in der Hirschelgasse, das im Zweiten Weltkrieg zerstört wurde. Seine Wandvertäfelungen schuf der Ornamentzeichner Peter Flötner, dem auch der Apollobrunnen im Stadtmuseum Fembohaus zugeschrieben wird.

Tucherschloss, Hirschelgasse 9-11
Tel. (0911) 2318355
Mo 10-15 Uhr, Do 13-17 Uhr, So 10-17 Uhr
www.museen.nuernberg.de/tucherschloss

7 ALTES RATHAUS

PRACHT UND DUNKLE GEFÄNGNISSE

Die langgestreckte Fassade des Alten Rathauses gegenüber der Sebalduskirche konzipierte Jakob Wolff der Jüngere im frühen 17. Jahrhundert nach dem Vorbild des italienischen Stadtpalastes der Hochrenaissance. Das Selbstbewusstsein der Patrizier lässt sich über dem Haupteingang ablesen. Ein Pelikan soll die aufopfernde Sorge des Rates um die Stadt symbolisieren. Die Abkürzung PLEG bedeutet: „Wir regieren durch Klugheit, Gesetz und Gnade". Auf der Ostseite ist als gotischer Bau mit Spitzbogenfenstern die Ratsstube als fränkisches Lokal erhalten.

Als älterer gotischer Teil des Rathauses hat noch der Große Rathaussaal überdauert, allerdings nicht mehr mit der von Albrecht Dürer und Willibald Pirckheimer konzipierten üppigen Bemalung. Beinahe hätten sich die Nürnberger in den 1980er Jahren entschlossen, den bis heute kahlen Saal vom einzigen heimischen Maler neu schaffen lassen, der von seiner historischen Bildung und seinem künstlerischen Können her an die mittelalterliche Gestaltung hätte anknüpfen können. Michael Mathias Prechtl (1926 - 2003), wegen seiner fantasievollen historischen Illustrationen weltweit geschätzt, hatte die glorreiche

▼ Die Fassade des Alten Rathauses gegenüber der Sebalduskirche.

9 SCHÖNER BRUNNEN

GOLDENES KUNSTWERK

Wie eine gotische Kirchturmspitze wirkt an der Nordwestseite des Hauptmarktes der Schöne Brunnen mit seiner 19 Meter hohen vergoldeten und bemalten Pyramide, ursprünglich aus Sandstein (Original im Germanischen Nationalmuseum), später aus Muschelkalk. Sie wächst aus einem rechteckigen Brunnenbecken und verjüngt sich über drei Ebenen bis zur Kreuzblume oben. Die 40 Figuren auf den vier verschiedenen Ebenen stellen das Weltbild des Heiligen Römischen Reiches dar: unten die Philosophie und die freien Künste, darüber die Evangelisten und die Kirchenväter, dann die sieben Kurfürsten und neun Helden, oben Moses und sieben Propheten.

▲ Der goldene Ring in seinem Gitter wird von Touristen und Brautpaaren gedreht und soll Glück und Kindersegen bringen. ▶ Der Schöne Brunnen verjüngt sich nach oben wie eine gotische Kirchturmspitze.

Zu Füßen der Herrscher sind angeblich die Fratzen der Feinde Nürnbergs zu sehen, darunter der Raubritter Eppelein von Gailingen. Das Schutzgitter um den Brunnen enthält an der Südseite einen drehbaren Ring, den die frisch vermählten Brautpaare vom Rathaus kommend ebenso schätzen wie die kundigen Touristen: Wer an ihm dreht, dem ist Glück und Kindersegen beschieden.

10 CHRISTKINDLESMARKT
LICHTERGLANZ UND KUNSTHANDWERK

Zum Hauptmarkt kommt der Nürnberger das ganze Jahr, um Obst und Blumen zu erstehen. Hier haben die Trempelmärkte und das Sommer-Open-Air Bardentreffen ihren Mittelpunkt. Und hier findet der Nürnberger Christkindlesmarkt statt, der mit seinen rotweiß-beschirmten Buden eine Million Touristen bis aus China und Japan, Australien und Amerika anlockt. Ist es der romantische Auftritt des Nürnberger Christkinds, das auf der Empore der Frauenkirche zu schweben scheint? Sind es die berühmten Nürnberger Lebkuchen oder Bratwürste, an deren Duft man nicht vorbei kommt?

Schon 1628 wurden auf dem Markt weihnachtliche Spanschachteln verkauft, die findet man auch heute noch. Modische Klamotten, Glitzerkram, Karussells oder Plastikchristbäume sucht man dagegen vergebens. 140 Händler waren damals zugelassen. Heute sind es kaum mehr. Der alte Eröffnungsprolog, den das Christkind

spricht, wurde über die Jahrhunderte kaum verändert. Bis heute wird das Christkind in einem sorgsamen Verfahren ausgewählt: Die Bürger treffen über die Medien eine Vorauswahl, eine Fachjury hat das letzte Wort. Die Nürnberger halten fest an künstlerischem Weihnachtsschmuck, an Rauschgoldengeln aus Papier oder Wachs, an Zwetschgenmännla aus Nüssen und Dörrpflaumen.

Die Eröffnung des Christkindlesmarktes ist immer am Freitag vor dem 1. Advent um 17.30 Uhr. Geöffnet ist der Markt bis 23. Dezember täglich von 10-21 Uhr.
www.christkindlesmarkt.de

1610 verbot der Nürnberger Rat die „unzüchtigen Scherzartikel" eines Drechslers.

Bis heute verwehrt das Marktamt geschmacklosem Billigramsch den Zugang zu den begehrten Ständen. Besuchenswert ist auch oberhalb am Rathausplatz der Markt Nürnberger Partnerstädte – mit chinesischen Spielsachen, nicaraguanischen Bauernmalereien oder türkischen Süßwaren. Für die Kinder gibt es am Hans-Sachs-Platz zudem eigene Stände samt Nostalgiekarussell und Dampfeisenbahn sowie Theater und Musik nebenan im Heilig-Geist-Saal.

▲▲ Das Christkind eröffnet seinen Markt mit zwei Engeln von der Empore der Frauenkirche.

▲ Zwetschgenmännla aus Nüssen und Dörrpflaumen gehören zum traditionellen Angebot des Marktes.

◀ Blick auf die Budenstadt des Christkindlesmarktes mit dem Schönen Brunnen vorn und der Frauenkirche im Hintergrund.

11 FRAUENKIRCHE

MÄNNLEINLAUFEN DER KURFÜRSTEN

Mittags kurz vor zwölf gesellen sich zu den Ständen am Hauptmarkt Touristengruppen und recken die Hälse zum sogenannten „Männleinlaufen“ auf der Empore der Frauenkirche. Nach dem Glockenschlag blasen zwei Trompeter, ein Türlein öffnet sich. Kaiser Karl IV. bekommt Gesellschaft von den sieben Kurfürsten, die ihn huldigend in ihren roten Mänteln dreimal umkreisen. Das Glockenspiel von 1509 erinnert an Karl IV.,

der die Bedeutung Nürnbergs förderte und 45 Mal zu Gast war.

Die bis 1355 entstandene Frauenkirche ist das einzige bedeutende mittelalterliche Gotteshaus Nürnbergs, das heute wieder katholisch ist. Der gotische Bau wurde vermutlich vom Prager Hofarchitekten Peter Parler konzipiert und stellt die Verherrlichung Marias in vielen Bildern dar. Der zierliche Michaelschor in Richtung Hauptmarkt wurde von Adam Kraft gestaltet. Ein Davidstern im Fußboden des Chores erinnert daran, dass die Kirche auf den Grundmauern einer Synagoge steht.

Der Tucheraltar stammt aus der 1816 abgerissenen Augustinerkirche und gilt als Hauptwerk Nürnberger Tafelmalerei des 15. Jahrhunderts.

◀ Mittags um zwölf zeigt das „Männleinlaufen" unter der Uhr der Frauenkirche, wie Kaiser Karl IV. von den Kurfürsten begrüßt wird. ◣ Der Hauptmarkt als täglicher Gemüsemarkt, dahinter die Frauenkirche. ▼ Blick ins Innere des mittelalterlichen Gotteshauses.

Frauenkirche, Hauptmarkt 14,
Tel. (09 11) 20 65 60
Mo - Sa 10 - 17.30 Uhr
So 13 - 17.30 Uhr
www.frauenkirche-nuernberg.de

12 HEILIG-GEIST-SPITAL

SENIORENTREFF SEIT 700 JAHREN

Von der Museumsbrücke aus erblickt man hinter Bäumen das Heilig-Geist-Spital. 1331 einer Sumpflandschaft abgerungen, blieb es bis heute ein Alten- und Pflegeheim. Der Kaufmann und Ratsherr Konrad Groß (um 1280-1356) gründete das Kranken- und Siechenhaus für 200 Menschen. Heute ist das Haus ein Altenheim und die Heilig-Geist-Spital-Stiftung immer noch die größte der Stadt.

Südöstlich des Hans-Sachs-Platzes vor der Spitalbrücke ist in einem Denkmal die Silhouette einer Synagoge eingraviert. Sie wurde 1874 auf dem Platz eingeweiht, als sich wieder Juden in Nürnberg niederlassen durften. Gauleiter Julius Streicher ließ den imposanten Bau schon im August 1938 niederreißen – noch vor der Pogromnacht der Nationalsozialisten am 9. November jenes Jahres.

▼ Das Heilig-Geist-Spital, von der Museumsbrücke oder auch von einer italienischen Gondel aus zu sehen, ist beim Bardentreffen ein lauschiger Spielort.

13 WEINSTADEL
SPAZIERGANG AN DER PEGNITZ

Die Fleischbrücke westlich des Hauptmarkts hat in ihrer 1598 geschaffenen Form mit einem einzigen Bogen die Rialto-Brücke in Venedig zum Vorbild. Ihr Name erinnert an die einstigen Fleischbänke auf dem Markt.

Der steinerne Ochse mit echten Watussi-Hörnern am Torbogen im Norden hat es zu sprichwörtlicher Berühmtheit gebracht. Der Ochs von der Fleischbrücke gilt als Synonym für fränkisch-stoische Gelassenheit. Der Ochs wundert sich über manches, was er hört, aber er meldet sich nie zu Wort – und er ist auch „niemals ein Kalb gewesen“, wie der lateinische Spruch auf seinem Podest verrät.

Auf der Maxbrücke am Weinstadel, der altesten steinernen Brücke, hat man eine der malerischsten Pegnitz-Ansichten. Über den hölzernen Henkersteg kommt man zu einer kleinen Flussinsel, dem Trödelmarkt. Hier entstand ein gemütliches Ensemble aus Boutiquen, Schmuckgeschäften und Cafés.

Ein Fluss für Spaziergänger:
◀ Auf der Fleischbrücke zeigt ein steinerner Ochse mit echten Watussi-Hörnern fränkisch-stoische Gelassenheit.
▼ Der Weinstadel, einst Krankenstation, mit Wasserturm und Henkersteg, von der Maxbrücke aus gesehen.

14 KETTENSTEG
SCHWUNGVOLL ÜBER DEN FLUSS

Der Kettensteg und das frühere Schießhaus dahinter bilden das westliche Ende der Altstadt am Fluss, ein schattiger Biergarten lädt zur Rast. Der Steg war 1824 die erste frei schwebende, an Ketten hängende Flussbrücke Deutschlands. Weil aber auch schon damals der Spieltrieb der Kinder groß war, stoppten die Erwachsenen 1931 das Schaukelspiel mit Eisenträgern. Eine neue Architektengeneration mühte sich in den letzten Jahren, die Ursprungsform zu rekonstruieren. Inzwischen ist die Brücke restauriert und schwingt wieder sanft.

▲▼ Der Kettensteg war 1824 die erste frei schwebende Flussbrücke Deutschlands.

15 LORENZKIRCHE

DREI GROSSE KÜNSTLER VEREINT

Von der Karolinenstraße aus erblickt man die steinerne Rosette der Westfassade der Lorenzkirche, die in Franken einzigartig ist. Die acht Achsen sind weder horizontal noch vertikal angeordnet, die Rosette scheint wie ein Rad zu rollen. Ihre Vorbilder liegen in Nordfrankreich. Das Hauptportal dar-

unter zeigt eine Muttergottes mit der Kindheitsgeschichte Jesu im darüber liegenden Türbogen sowie das Jüngste Gericht, seitlich Adam und Eva sowie u.a. den heiligen Laurentius.

Das Innere der Lorenzkirche vereint die Werke der – außer Dürer – drei bedeutendsten Nürnberger Künstler der beginnenden Renaissance: Adam Kraft, Peter Vischer und Veit Stoß.

Das spätgotische Sakramentshaus schuf Adam Kraft (um 1460-1508). Von einem Pfeiler nördlich des Hauptaltars erhebt es sich schlank in hellgrauem Sandstein 18,7 Meter hoch. Das Eucharistiegehäuse ist mit einem goldenen Gitter verziert. Um den Tabernakel zieht sich ein fantastisch geflochtenes Dornenwerk. Die weiteren Stockwerke der Pyramide zeigen die heiligen Lorenz und Sebald sowie Passionsszenen. Das neue Selbstbewusstsein des Künstlers erschließt sich im Blick nach unten: Adam Kraft und zwei seiner Gesellen tragen stolz den gesamten Aufbau.

Mit Kraft befreundet war Peter Vischer der Ältere (um 1460-1529). Als sein Meisterstück gilt der nach ihm benannte Bronzeleuchter im Langhaus der Lorenzkirche. Die Nürnberger Gießhütte der Familie Vischer belieferte den mitteleuropäischen Markt mit Kirchenkunst, Grabtafeln, Medaillen oder Plaketten. Die künstlerisch hoch stehenden Produkte belegen den Stilwandel von der späten Gotik zur italienisch beeinflussten Renaissance.

Der Engelsgruß (oder Englische Gruß) ist das berühmteste Nürnberger Werk von Veit Stoß (um 1448-1533). Die aus Lindenholz geschnitzte Darstellung der Verkündigung des Erzengels Gabriel an Maria hängt frei in der Mitte des Chores. Die überlebensgroßen Figuren sind wie lebendig in eben diesem Moment festgehalten. Maria hält sich ob der überraschenden Nachricht erschrocken die Hand vor den Mund, das Buch fällt ihr aus der Hand.

Haarsträhnen und Faltenwurf der Kleider bestechen bis heute durch ihre unglaubliche Plastizität. Das Hauptwerk ist in einem Kranz von 40 Rosen gefasst. Sieben Medaillons beschreiben den Fortgang der Geschichte. Ganz oben thront Gottvater mit der Weltkugel in der Hand, unten zischelt im Paradies die Schlange mit dem angebissenen Apfel.

Manche Schönheit der Ausführung erkennt man erst von der Rückseite des Kunstwerkes. Die dort angebrachten Zeichnungen von Sonne und Mond sind Symbol für den weltweiten Stellenwert der Verkündigung des Engels.

◄◄ ▲ Der Englische Gruß, die holzgeschnitzte Darstellung der Verkündigung Mariä von Veit Stoß, hängt frei schwebend in der Mitte des Chores der Lorenzkirche. ◄ Der Künstler Adam Kraft trägt stolz das fast 19 Meter hohe Sakramentshaus.

16 EHEKARUSSELL

LIEBESSTREIT AM WEISSEN TURM

Weißer Turm, das ist für die Nürnberger und ihr Umland heute die U-Bahn-Station, um zum Shoppen in die Fußgängerzone zu starten. Der Sandsteinturm aus der vorletzten Stadtbefestigung Mitte des 13. Jahrhunderts war einst weiß gestrichen. Den Vorbau, die Barbakane, hat man beim U-Bahn-Bau 1977 rekonstruiert. So kommt man wie im Mittelalter wieder durchs Turmtor in die Stadt, wenn auch aus dem Untergrund.

Direkt vor dem Turm steht ein etwas überdimensionierter neuzeitlicher Brunnen. Das nach einem Gedicht von Hans Sachs entstandene „Ehekarussell" von Jürgen Weber war wegen seiner drallen Bronzefiguren anfangs umstritten, zumal die Darstellungen teils drastisch sind und die Rolle der Ehefrau sehr aus der mittelalterlich-männlichen Sicht des Schuhmachers Hans Sachs (1494-1576) gezeigt wird. Doch das Wasserbecken eignet sich inmitten der steinernen Einkaufswüste sowohl zum Planschen für Kinder als auch zum Disput über das eigene Eheleben.

▼ ▶ Das Ehekarussell nach einem Gedicht von Hans Sachs zeigt „das bittersüße eheliche Leben" in drastischen Darstellungen.

17 OPERNHAUS
STAATSTHEATER IN ALTER PRACHT

Die Nürnberger Oper, gebaut 1905, liegt in der Verlängerung der Straße der Menschenrechte, gleich vor der Stadtmauer. Nach der Fertigstellung des benachbarten Hauptbahnhofs 1847 entwickelte sich die Lorenzer Altstadt zur Großstadt mit Hotels, Handel, Museen und Stadttourismus. Die Nürnberger wünschten sich einen repräsentativen Kulturort, der aber zugleich den industriellen Aufschwung dokumentieren sollte. So entstand ein Bau mit modernem Stahlskelett und neuester Bühnentechnik, verkleidet durch Sandsteinfassade und historisierendem Zierrat. Nordische Sagengestalten umranken Fassaden und Eingang. Auf dem Giebel triumphiert die Nymphe Noris, die fiktive Göttin Nürnbergs.

Im Inneren glänzen frisch renovierte Jugendstilperlen. Mit Schauspielhaus und Ballett bildet die Oper heute das Staatstheater Nürnberg.

▲ Das Staatstheater Nürnberg mit dem
▼ Opernhaus liegt gleich vor der Stadtmauer und ihrem begehbaren Graben.

18 KUNST UND HANDWERK

DAS GERMANISCHE NATIONALMUSEUM

Das Germanische Nationalmuseum (GNM) ist das größte Museum deutscher Kunst und Kultur und zeigt auf 50000 Quadratmetern Objekte aus der Zeit von 30000 vor Christus bis heute: Münzen, Musikinstrumente, Skulpturen, Volkskunst, alte und moderne Malerei. Freiherr Hans von Aufseß (1801 - 1872) sammelte schon in seiner Jugend Bücher und Urkunden aus alten Papiermühlen, Altartafeln und Silbergeschirr säkularisierter Klöster, Waffen und Möbel aus verfallenden Burgen. König Ludwig I. von Bayern kaufte ihm 1857 ein altes Klostergelände in der Lorenzer Altstadt.

Das Adjektiv „germanisch“, das dem Museum bis heute geblieben ist, meinte damals nur die geschichtliche und geografische Abgrenzung des deutschen Sprachraums. Im Galeriebau lädt eine neue Schausammlung unter dem Titel „Renaissance, Barock, Aufklärung“ zu einem historischen Rundgang von der Entdeckung der neuen Welt um 1500 bis zur Entwicklung eines neuen Menschenbildes im 18. Jahrhundert ein. Die berühmtesten Werke des Museums sind dabei in den Zusammenhang der Kunst- und Kulturgeschichte des deutschsprachigen Raums gestellt. Im Mittelpunkt stehen die Werke Albrecht Dürers:

▼ Das Kartäuserkloster ist Teil des Germanischen Nationalmuseums.

▲ Werke der Renaissance bis Aufklärung.
▶ Peter Henleins Dosenuhr.
◢ Der Globus von Martin Behaim.

seine Kaiserbilder auf Lindenholz von Karl dem Großen im kaiserlichen Ornat mit Schwert und Reichsapfel sowie von Kaiser Sigismund waren ursprünglich die Schranktüren der Heiltumskammer, in der auf dem Hauptmarkt die Reichskleinodien aufbewahrt wurden, bevor sie beim Kaiserbesuch dem Volk gezeigt wurden. Zu sehen sind auch das älteste Gemälde Dürers, ein Porträt seiner Mutter, und das Bildnis seines Lehrmeisters Michael Wolgemut. Wie andere Künstler auch wird Dürer in seiner Bedeutung für die Zeitgeschichte dargestellt und sein Einfluss auf Goldschmiedekunst und Glasmalerei belegt. Weitere sehenswerte Werke unter den 1000 Objekten in 33 thematisch gegliederten Räumen: der Pilgermantel des Stephan Praun, Rembrandts Selbstbildnis oder die Charakterköpfe des Franz Xaver Messerschmidt. Zu sehen sind auch Glasgemälde, Textilien, Kunsthandwerk, Schmuck, Medaillen, Möbel und Musikinstrumente sowie zwei historische Zimmer aus Nürnberger Bürgerhäusern der Renaissance.

19 30 SÄULEN
DIE STRASSE DER MENSCHENRECHTE

Auf der Straße der Menschenrechte meißelte der israelische Künstler Dani Karavan auf 30 weißen Betonsäulen die Menschenrechts-Artikel der Uno in Deutsch und vielen anderen Sprachen ein. An einer Stelle ersetzt ein Baum die Säule – als Sinnbild für alle nicht repräsentierten Sprachen.
Gingko-Bäume am Ende der Allee vor der Stadtmauer erinnern neuerdings an die Mordopfer der NSU-Neonazis in Nürnberg und anderswo. Die Passage wurde 1993 zur Initiierung des Nürnberger Menschenrechtspreises eingeweiht. Mit diesem Preis zeichnet eine internationale Jury alle zwei Jahre Einzelpersonen oder Gruppen aus, die sich in vorbildlicher Weise und auch unter Risiken für die Menschenrechte eingesetzt haben. Verliehen wurde der Preis erstmals 1995 – fast genau 60 Jahre nach Verabschiedung der nationalsozialistischen Rassengesetze in Nürnberg und 50 Jahre nach dem Ende des Zweiten Weltkriegs. Die Nürnberger sehen diesen Preis als eine Antwort auf die Menschenrechtsverletzungen jener Jahre, die mit dem Namen ihrer Stadt verknüpft waren, und werten ihn als Botschaft des Friedens.

▼ Die Straße der Menschenrechte verbindet die U-Bahn-Station Opernhaus mit dem Germanischen Nationalmuseum und der Innenstadt.

20 DAS DRITTE REICH
ZEPPELINFELD UND MEMORIUM

Eine Kongresshalle größer als das Kolosseum in Rom, ein gigantisches Aufmarschgelände für die Nazi-Parteitage und ein Stadion in einer Größe, wie in Deutschland kein zweites: Rund um den Dutzendteich im Südosten trägt Nürnberg schwer an den Ruinen des Deutschen Reiches.
Ein Dokumentationszentrum erläutert die Hintergründe der Hinterlassenschaft. Ungläubig stehen die Touristen oft vor bröckelnden Stufen aus weißem Muschelkalk, hinter dem schlichter roter Ziegel hervorbricht. Riesige Löcher sind mit Beton notdürftig geflickt.
Das ist die Zeppelintribüne der Parteitage des Reiches, das 1000 Jahre dauern sollte. Die Bauten des Architekten Albert Speer hielten kein halbes Jahrhundert. Wer über die steilen Treppen der Tribüne auf die ehemalige Führerkanzel tritt, erfasst das fast quadratische Feld von 300 mal 300 Metern:

▼ Der Torso der nie vollendeten Kongresshalle aus der Luft und ▶ mit Sandsteinfassade. Sie sollte die Dimensionen des römischen Kolosseums übertreffen.

Bis zu eine viertel Million Menschen marschierte hier jeweils in den Jahren 1933 bis 1938 auf, absolvierten militärische Übungen, aber auch germanische Bräuche wie Baumstammwerfen. Nachts bildeten 150 Flakscheinwerfer eine riesige Lichtkuppel. Jährlich sollten die Reichsparteitage stattfinden: Doch bei Kriegsbeginn war Schluss mit den Feiern – und mit der weiteren Umsetzung der gigantischen Baupläne.

Die Tribüne, an der die US-Armee bei Kriegsende das vergoldete Hakenkreuz wegsprengte, sollte dem antiken Pergamon-Altar nachempfunden sein. Ein Torso blieb die Kongresshalle am Ufer des Dutzendteichs, die dem Kolosseum in Rom nachgeahmt war, nur noch größer.

Mit den Reichsparteitagen in Nürnberg wollte Hitler bewusst an den mittelalterlichen Titel „Stadt der Reichstage" anknüpfen. Geschickt griffen die Nationalsozialisten auf die Romantisierung des reichsstädtischen Nürnberg zurück.

▼ Der Gerichtssaal 600 an der Fürther Straße, Ort der Nürnberger Prozesse der Alliierten. ▶ In dem Gebäude gibt es nun das Museum „Memorium".

Den monumentalen Sandstein-Rundbogen der Kongresshalle durchbricht heute wie ein Blitz ein lichter kantiger Neubau aus Beton und Glas. Das Dokumentationszentrum Reichsparteitagsgelände im Nordflügel der Kongresshalle legt in einer Ausstellung Ursachen und Folgen der nationalsozialistischen Gewaltherrschaft dar.

Auch der historische Schwurgerichtssaal der „Nürnberger Prozesse" an der Fürther Straße ist inzwischen Teil der Erinnerungslandschaft. Unter der Bezeichnung „Memorium Nürnberger Prozesse" entstand über dem Saal eine Informationsstätte. Der „Saal 600" erlangte als Schauplatz der „Nürnberger Prozesse" in den Jahren 1945 - 49 weltweite Bekanntheit.

▲ Wie ein Blitz durchdringt das Dokumentationszentrum die Mauern der von Albert Speer entworfenen Kongresshalle.

Der Begriff „Nürnberger Prozesse" bezeichnet den Hauptkriegsverbrecherprozess vom 20. November 1945 bis zum 1. Oktober 1946 vor einem Internationalen Militärtribunal der alliierten Siegermächte USA, Sowjetunion, Frankreich und England sowie zwölf Nachfolgeprozesse gegen Ärzte, Juristen und Militärs. Das Memorium Nürnberger Prozesse richtet seinen Blick aber auch weltweit auf heutige Kriegsverbrechen und Menschenrechtsverletzungen. Denn die von den Vereinten Nationen 1950 festgelegten „Nürnberger Prinzipien" bilden die Grundlage des modernen Völkerstrafrechts. Damit war das in Nürnberg abgehaltene Internationale Militärtribunal Vorbild für die Errichtung des Internationalen Strafgerichtshofs in Den Haag im Jahr 2002. Entsprechend bietet das Museum neben historischen Dokumenten aktuelle Angebote zur Auseinandersetzung mit dem „Erbe von Nürnberg".

▲ Die Tribüne des Zeppelinfeldes.

Dokumentationszentrum Reichsparteitagsgelände
Bayernstraße 110
Mo - Fr 9 - 18 Uhr, Sa + So 10 - 18 Uhr
museen.nuernberg.de/dokuzentrum
Memorium Nürnberger Prozesse
Bärenschanzstraße 72
Tel. (09 11) 321 79 372
Mi - Mo 10 - 18 Uhr
www.memorium-nuernberg.de

21 DIE ERSTE EISENBAHN

SPIELZEUG- UND INDUSTRIEMUSEEN

Das **Neue Museum** versteckt sich am Bahnhof hinter der Stadtmauer. Eine lange geschwungene Glasfassade spiegelt die Altstadtsilhouette und dient als Schaufenster. Der davor liegende Klarissenplatz gehört zu den unentdeckten stillen Orten der Altstadt.
Das Museum präsentiert internationale Gegenwartskunst und eine Sammlung Design des 20. Jahrhunderts. Klarissenplatz, Di-So 10-18 Uhr, Do 10-20 Uhr, Tel. (0911) 2402069, ***www.nmn.de***

Mehrere Museen erinnern an Nürnbergs Handwerks- und Industriegeschichte:
Das **DB Museum** beim Opernhaus ist das älteste Eisenbahnmuseum Deutschlands. Es zeigt 40 historische Schienenfahrzeuge, aber auch die modernsten ICEs. Der historische Adler, die erste deutsche Eisenbahn zwischen Nürnberg und Fürth, steht neben der Lok des ICE 3. Für Kinder gibt es simulierte Mitfahrten in der Lok, eine große Miniaturbahn- sowie eine Holzspielzeuganlage. Lessingstraße 6, Di-Fr 9-17 Uhr, Sa+So 10-18 Uhr, Dez. Mo 9-17 Uhr, Tel. (0800) 32687386, ***www.dbmuseum.de***

Das **Museum Industriekultur** in Wöhrd präsentiert Objekte aus der Technik-, Kultur- und Sozialgeschichte der Industrialisierung Nürnbergs. Auf 6000 Quadratmetern finden sich auch ein Motorradmuseum, ein Schulmuseum und ein Lern- & Spaßlabor zum Experimentieren. Alte Arbeiterkneipe, Zahnarztpraxis oder Klassenzimmer zeigen das Leben zu Beginn der Industrialisierung. Zu den Attraktionen des Museums zählen eine Feuerwache mit simuliertem Hausbrand und eine alte Bleisatz-Druckerei, in der Drucker regelmäßig ihr Handwerk vorführen. Äußere Sulzbacher Straße 62, Di-Fr 9-17 Uhr, Sa+So 10-18 Uhr, Tel. (0911) 2313875, ***www.museen.nuernberg.de***

Das **Spielzeugmuseum** in der Sebalder Altstadt dokumentiert die Bedeutung des Spielzeugs im Lauf der Jahrtausende und die Rolle Nürnbergs als ehemalige Weltstadt des Spielzeugs. Hinter einer Renaissance-Fassade wird auf vier Stockwerken die ganze Vielfalt historischen Spielzeugs ausgebreitet: Holzspielzeug, Puppenstuben, optische Spielereien und die weltweit bedeutendste Sammlung von Lehmann-Blechspielzeug. Auch an heutige Lieblingsvergnügen wie Lego oder Fantasy-Spiele hat man gedacht.
Karlstraße 13-15, Di-Fr 10-17 Uhr, Sa+So 10-18 Uhr, Dez. auch Mo 10-17 Uhr, Tel. (0911) 2313164
www.museen.nuernberg.de

22 ESSEN UND TRINKEN
BRATWÜRSTE UND LEBKUCHEN

Sie wiegt nur 23 Gramm, ist zehn Zentimeter lang und nur einen Zentimeter dick, steckt voller Schweinefleisch, gekörntem Speck sowie Salz, Pfeffer und Majoran. Die Nürnberger Bratwurst wird auf Zinntellern serviert, mit Meerrettich oder Senf, Sauerkraut oder Kartoffelsalat.

Oder gleich am Straßenstand als „Drei in an Weckla" (drei Würste in einer Semmel).
Überall in der Altstadt gibt es in den Gaststätten auch Schweinebraten mit fränkischem Kloß (aus rohen Kartoffeln), Schnitzel oder das „**Schäufele**", ein üppiger Schulterbraten am Knochen. Eine spezielle Schäufele-Wirtschaft findet sich in der Schweiggerstraße in der Südstadt. (Tel. (09 11) 45 97 325, ***www.schaeufele.de***).
Aber auch in anderen Stadtteilen und vor allem im Knoblauchsland kann man typisch fränkisch essen. Franken besitzt heute noch mit über 300 Brauereien die höchste Brauereidichte der Welt. Eine Auswahl dieser hellen und dunklen Landbiere schenken auch viele Nürnberger Gaststätten aus. Auf die Vielfalt spezialisiert haben sich die Wirtschaften des Landbierparadies (***www.landbierparadies.com***) in der Wodanstraße 15 (Tel. 0911 7 46 88 82), in der Sterzinger Straße 4 (Tel. 0911 43 34 722) und in der Leipziger Straße 32 (Tel. 0911 / 95 69 96 06), alle mit Biergärten.

Ihr eigenes Bier im Wirtshaus brauen der „Barfüßer" in der Mauthalle nahe der Lorenzkirche, die Hausbrauerei Altstadthof in der Bergstraße (beim Dürer-Denkmal in der Sebalder Altstadt) und die Kleinbrauerei Schanzenbräu (Tel. (09 11) 93 77 67 90, ***www.schanzenbraeu.de***) in der Adam-Klein-Straße 27 in Gostenhof.
Wer bei seiner Rast eine **schöne Aussicht** im Freien sucht, sollte in der Altstadt das Café Lukas in der Kaiserstraße wählen, entlang der Pegnitz eines der zahlreicher werdenden Cafés oder einen Biergarten, am Hauptmarkt die Hochterrasse des „Alex", am Tiergärtner Tor das Café Wanderer oder einen der fränkischen **Biergärten** unterhalb der Burg. Am Abend bietet die Skybar auf dem Dach des Kinos Admiral (Lorenzkirche) weite Blicke.
Auf Altstadt und Burg blickt man vom Wehrgang der Stadtmauer im Krakauer Haus (nahe Cinecitta-Kino). Nette Biergärten findet man in vielen Stadtteilen, den größten in Innenstadtnähe an der Bärenschanzstraße in Gostenhof (Lederer Biergarten).

▲ Ein Besuch Nürnbergs ohne einen Test der typischen Bratwürste ist schier unmöglich. In mittelalterlichen Kellergewölben schmeckt es besonders.

Der **Nürnberger Lebkuchen** ist ein EU-weit geschütztes Produkt. „Elisen" heißen die besonders feinen. Sie dürfen höchstens zehn Prozent Mehl enthalten, haben aber mindestens 25 Prozent Mandeln und Haselnüsse. Dazu kommen Honig und eine ganze Palette exotischer Gewürze wie Anis, Ingwer, Kardamom, Koriander, Muskatnussblüte, Nelken, Pfeffer, Piment, Orangeat, Zitronat und Zimt. Lebkuchen in bunt verzierten Blechdosen sind das ideale Nürnberg-Mitbringsel. Die beste Qualität bieten kleine Konditoreien unterhalb der Burg.

WO IST WAS LOS?

QUARTIERE – FREIZEIT – KINDER

▲ Der Burggraben an der Stadtmauer eignet sich für Mittelalter- und fränkische Bierfeste.
▶ Der Trempelmarkt in der ganzen Altstadt lockt im Mai und September die Liebhaber alter Dinge.

Gut wohnen
Wer in Nürnberg ganz nobel absteigen will, hat ganz in der Nähe des Hauptbahnhofs mit dem Méridien Grand Hotel und dem Sheraton Hotel Carlton zwei Fünf-Sterne-Herbergen zur Auswahl. Mitten in der Altstadt oder altstadtnah gibt es aber auch ein großes Angebot an erschwinglichen und preiswerten Unterkünften.
Zu Messezeiten kann es sich empfehlen, auf benachbarte Städte und Gemeinden auszuweichen. Für Jugendliche und junge Erwachsene gibt es diverse Übernachtungsmöglichkeiten zu günstigen Preisen, die zentralste natürlich in einer der schönsten Jugendherbergen Deutschlands auf der Kaiserburg hoch über der Altstadt (Tel. (0911) 230 93 60, ***www.nuernberg.jugendherberge.de***). Aber auch mehrere Jugendhotels und preiswerte Einfach-Hotels liegen im Zentrum. Der naturnahe Camping-Platz nahe dem Dutzendteich (Tel. (0911) 981 27 17, ***www.knauscamp.de***) ist bei vielen Campern und Caravan-Fahrern beliebt.

Eine Stadt voller Kultur
Nürnbergs Theater mit einem vollständigen Drei-Spartenhaus hat neuerdings den Titel Staatstheater (Tel. (01805) 231 600, ***www.staatstheater-nuernberg.de***) und bietet in Opernhaus, renoviertem Schauspielhaus und den Kammerspielen ein vielfältiges Programm klassischer und zeitgenössischer Opern, Ballett und Theater. Die Stadt mit vielen Stadtteilkulturzentren (Kulturläden), Ateliers und einer breiten jungen Musikszene steht aber vor allem für eine aktive junge Künstlerszene. Im Theaterbereich hat sich für moderne Stücke das Gostner Hoftheater (Tel. (0911) 26 15 10, ***www.gostner.de***) etabliert, das Burgtheater hat eine Tradition als Bühne für Kleinkunst und Kabarett. (Tel. (0911) 22 27 28, ***www.burgtheater.de***).

Daneben gibt es seltene Schätze wie ein fantasievolles Papiertheater (***www.daspapiertheater.de***) und die erfolgreiche Erwachsenen-Puppenbühne Thalias Kompagnons (Tel. (0911) 356 65, ***www.thalias-kompagnons.de***).
Lauschige Sommerabende voller Kultur kann man im Freien genießen in der Katharinenruine in der Altstadt, bei den Klassik-Open- Airs im Luitpoldhain sowie im Serenadenhof am Dutzendteich. Den umfassendsten Kultur-Überblick für den ganzen Großraum gibt im Internet der Auftritt ***www.kubiss.de***.
Die Highlights finden sich schnell unter ***www.nuernberg.de*** oder ***www.tourismus.nuernberg.de.*** Ein wunderschön renoviertes Stadion haben die Nürnberger auch, und einen 1. FCN-Fußballverein, der regelmäßig zwischen Aufstiegsfreude und Abstiegsgefahr in der 1. Liga taumelt, aber dem die fränkischen Fans in unverbrüchlicher Treue verbunden sind.

Tiergarten und Delfinarium

Der Nürnberger Tiergarten gehört zu den schönsten und erholsamsten in Deutschland. Auf einem mit 67 Hektar sehr großen Freigelände aus Sandsteinlandschaften, Weihern, Wiesen und Wäldern leben 250 Tierarten. So gibt es eine Huftieranlage, in der Zebras, Przewalski-Urwildpferde, verschiedene Antilopen-Arten, mehrere Hirsch-Arten, Solami-Wildesel und Takine untergebracht sind. Raubtiere und Steinböcke können sich in einem alten Sandsteinbruch vergnügen.

Mit den Zielen, den Tieren natürliche Lebensgrundlagen zu schaffen und ihre Fortpflanzung zu sichern, wandelt der Zoo sein Gesicht. So sind in den letzten Jahren hinzugekommen: eine Freianlage für Gorillas, ein Kinderzoo mit Spielmöglichkeiten und ein Streichelgehege, ein neues Tropenhaus mit Tapiren, Faultieren, Schildkröten, Schmetterlingen, Zwergflusspferden und Seekühen (mit Sichtscheiben unter Wasser), Außenanlagen für Panzernashörner und Pandas, ein Wasserpark für Eisbären, Pinguine, Biber und Fischotter (ebenfalls mit Sichtscheiben unter Wasser).

In der 2011 eröffneten Delfinlagune leben Delfine und Seelöwen in einer naturnahen Wasserlandschaft unter freiem Himmel. Das bis zu 7 Meter tiefe Becken fasst über 5 Millionen Liter Salzwasser und ist mit seiner natürlich gestalteten Lage inmitten des Tiergartens einzigartig in Deutschland.

Die Besucher können auf einer großen Freitribüne die geschickten und intelligenten Tiere täglich bei mehreren Vorführungen aus der Nähe erleben.

Platz für Kinder

Nürnberg hat ein eigenes Kindermuseum am Rande der Altstadt (Tel. (0911) 60 00 40, ***www.kindermuseum-nuernberg.de)*** beim Kulturladen Villa Leon (U 2 Rothenburger Straße), zugleich Spielort des Kindertheaters Mummpitz (Tel. (0911) 60 00 50, ***www.theater-mummpitz.de***). Auch andere Kindertheatergruppen haben ihre eigenen Spielstätten wie das Theater Pfütze (Tel. (0911) 28 99 09, ***www.theater-pfuetze.de***) in den Sebalder Höfen am Rande der Sebalder Altstadt und das Theater Salz und Pfeffer (Tel. (0911) 22 43 88, ***www.salzundpfeffer-theater.de***) am Plärrer. Spielzeug- und Verkehrsmuseum wenden sich vor allem Kindern zu, auch im Germanischen Nationalmuseum gibt es spezielle Angebote für Kinder.

▲ Das Fischerstechen auf der Pegnitz gehört zu den Gaudi-Veranstaltungen des Altstadtfestes im September.

Tiergarten Nürnberg
Am Tiergarten 30, 90480 Nürnberg
Tel. (0911) 54 54 6, Info: (0911) 54 54 801
täglich von 9 bis 17 Uhr – zu erreichen ab Hauptbahnhof mit der Straßenbahnlinie 5 (Endstation) und von mehreren U-und S-Bahnhöfen aus mit der Buslinie 65
www.tiergarten.nuernberg.de

▼ Die neueste Attraktion des Tiergartens ist die großzügige Delfinlagune.

WO FINDE ICH WAS?

INFOS – FÜHRUNGEN – TICKETS

Infos vor der Reise:
Congress- und Tourismus-Zentrale Nürnberg
Postfach 4248
90022 Nürnberg
Tel. (0911) 23360
www.tourismus.nuernberg.de

▲ Die Internationale Orgelwoche (hier in der Sebalduskirche)

Infos vor Ort:
TOURIST INFORMATION
gegenüber dem Hauptbahnhof
Königstraße 93, 90402 Nürnberg
Tel. (0911) 23360
Hier gibt es auch Karten für fast alle Kulturveranstaltungen in der Stadt (Tel. (0911) 2314000)
Montag bis Samstag von 9 bis 19 Uhr
Sonntag von 10 bis 16 Uhr

TOURIST INFORMATION
am Hauptmarkt
Hauptmarkt 18
90403 Nürnberg
Tel. (0911) 23360
Montag bis Samstag von 9 bis 18 Uhr
Mai bis Oktober:
auch Sonntag von 10 bis 16 Uhr
zum Christkindlesmarkt:
Montag bis Samstag von 9 bis 19 Uhr
Sonntag von 10 bis 19 Uhr

Stadtführungen:
Täglich um 13.30 Uhr (auf englisch um 13 Uhr) sowie von Mai bis Oktober und in der Adventszeit samstags und sonntags um 10.30 Uhr beginnt eine Stadtführung für Einzelreisende vor der Touristinfo am Hauptmarkt (Rathaus), Dauer: zwei Stunden.
Eine Führung zur Stadtgeschichte in historischem Gewand startet samstags (Mai bis Oktober) um 19.30 Uhr vor der Frauenkirche. Verschiedene Angebote speziell für Kinder oder für nächtliche Führungen mit Hexen, Nachtwächtern und Geschichtenerzählern können in den Tourist-Infos gebucht werden.
Eine Altstadtrundfahrt im 20 Meter langen „Adler"-Zug auf Gummirädern startet täglich zwischen 11 und 16 Uhr ab dem Hauptmarkt.
Mit der regulären Buslinie 36 (vom Plärrer bis zum Dokuzentrum Reichsparteitagsgelände) lässt sich die Altstadt bequem auf eigene Faust erkunden.
Der ambitionierte Verein „Geschichte für alle" bietet Stadt- und Stadtteilführungen von Historikern und Geschichtsstudenten zu den verschiedensten Themen wie: Katastrophen der Stadtgeschichte, das Mittelalter, Theater und Museen, Geschichte des Wassers, Nationalsozialismus, Judentum in Nürnberg, Friedhöfe, Kriminalgeschichten, Bier und Bratwürste. Der wissenschaftlich arbeitende Verein hat auch viele Führungen durch einzelne Stadtteile erarbeitet. Auch Theaterspiel, Radtouren oder eine Stadtrallye als Rätsel- und Erlebnistour sind im Angebot. Eigene Rundgänge gibt es für Kinder jeder Altersgruppe (Tel. (0911) 307360 ***www.geschichte-fuer-alle.de)***

▲ Die Open-Air-Veranstaltungen in der Katharinenruine gehören zu den Höhepunkten im Nürnberger Kulturleben.

WANN IST WAS?

MÄRKTE – FESTE – KONZERTE

Ostermarkt:
OSTERN Geschirr- und Schmuckmarkt auf dem Hauptmarkt

Frühlingsfest:
APRIL Groß-Kirchweih am Dutzendteich

Spargelmarkt:
MAI / JUNI Spargeltage auf dem Hauptmarkt

Fränkisches Bierfest:
MAI / JUNI im Burggraben

Trempelmarkt:
MAI und SEPTEMBER Großer Altstadt-weiter Trödelmarkt, auch von Nichtprofis

▲ „DIE BLAUE NACHT" (hier die zu einem Kunstwerk umgestaltete Fassade der Burg) ist eine lange Nacht der Museen mit Kulturtreiben in der ganzen Stadt, jedes Jahr im Mai.

DIE BLAUE NACHT:
MAI Lange Nacht der Museen und Kulturspektakel in der Altstadt

Internationales Figurentheaterfestival:
MAI alle zwei Jahre Puppentheater mit berühmten Ensembles aus aller Welt

Internationale Orgelwoche:
JUNI Kirchenmusik und Klassik in den Altstadtkirchen

Rock im Park:
JUNI Internationales Festival der harten Rockmusik am Stadion

Norisring-Rennen:
JULI Internationales Motorsportereignis an der Zeppelintribüne

Bardentreffen:
ENDE JULI Wochenende mit kostenlosem Open-Air von internationalem Pop und Folk quer durch die Altstadt

Klassik-Open-Air:
Zwei Termine im JULI und AUGUST im Luitpoldhain, kostenlos

St. Katharina-Open-Air:
JULI / AUGUST Musik, Theater und Unterhaltung in der Katharinenruine in der Lorenzer Altstadt

Sommernacht-Filmfestival:
AUGUST Open-Air-Kino an den schönsten Plätzen der Stadt

Burggrabenfest:
SEPTEMBER Mittelalterfest für die ganze Familie vor historischer Kulisse

Stadtverführungen:
SEPTEMBER Drei Tage lang zahllose Touren durch Geschichte, Kultur und Stadtteile

Herbstvolksfest:
SEPTEMBER Größtes nordbayerisches Volksfest am Dutzendteich

Altstadtfest:
SEPTEMBER Buden, Bierbänke, internationale Küche und Kultur in der City

Herbstmarkt:
SEPTEMBER Geschirr-, Kleider- und Schmuckmarkt am Hauptmarkt

Nürnberger Stadtlauf:
OKTOBER Jedermanns-Lauf durch die Altstadt

Christkindlesmarkt:
DEZEMBER Budenstadt am Hauptmarkt, Markt der Nürnberger Partnerstädte

▲ Bardentreffen (Blick auf die Bühne am Hauptmarkt) heißt traditionell das kostenlose Open Air von internationalem Folk und Pop in der gesamten Altstadt.

Silvestival:
31. DEZEMBER alle zwei Jahre: Open-Air-Bühnen, Buden, Musik und Tanz quer durch die Altstadt

AUSSERHALB DER STADTMAUER

GÄRTEN – SCHLÖSSER – GRÜN

▲ Schloss Neunhof mit Barockgarten.

Wenn man die Pegnitz entlang nach Westen spaziert, kommt man in 30 Minuten zu den romantischen **Hesperidengärten** (benannt nach griechischen Nymphen). In der Johannisstraße 13 und 47 (auch zu erreichen über den treppenartigen Weg „Riesenschritt" von der Hallerwiese aus) sind diese Anlagen barocker Patriziergärten aus dem 16. Jahrhundert erhalten (geöffnet April bis Oktober täglich bis 20 Uhr). Die Patrizier liebten die Welt außerhalb der Stadtmauern als Sommersitze und zum Lustwandeln. Exotische Zitrusfrüchte wuchsen neben Hecken, Blumen und Barockskulpturen.

▲ Der Johannisfriedhof liegt in der Nähe der
▶ Hesperidengärten.

Westlich liegt der weltberühmte **St. Johannisfriedhof**. Er zählt künstlerisch und kulturhistorisch zu den bedeutendsten in Europa. Die Geschlossenheit der einheitlich liegenden Sandsteine und des Blumenschmucks lassen die Originalität der einzelnen Bronze-Tafeln (Epitaphien) noch stärker hervortreten. Inschriften und Reliefs verraten die Berufe der Toten und ihre Familienschicksale:
Der Goldschmied Hans Bauch fährt seinen Wanst auf dem Schubkarren. Semmeln, Brezen und Brot erzählen von einer Bäckersfamilie, von deren 20 Kindern 15 zu Lebzeiten der Eltern starben (Kreuze am Haupt). Begraben sind hier u.a. der Humanist Willibald Pirckheimer, die Künstler Wenzel Jamnitzer, Albrecht Dürer und Veit Stoß sowie der Initiator der ersten deutschen Eisenbahn Johannes Scharrer nahe bei seinem englischen Lokführer William Wilson.
Die Ackerflächen und Dörfer im **Knoblauchsland** sind ein beliebtes Naherholungsziel, zu erreichen mit dem Bus oder bei einer Radtour. Die Kirche von **Kraftshof** ist eine der schönsten Wehrkirchen Frankens. Dahinter im Wald liegt der **Irrhain**, einst Treffpunkt des Dichtervereins „Pegnesischer Blumenorden".
Am **Schloss Neunhof** reizt nicht nur der fränkisch-giebelige Bau, sondern auch der erhaltene Barockgarten.
Im Osten Nürnbergs geht es entlang des **Wöhrder Sees** nach Mögeldorf mit Satzinger Mühle und Kirchberg. Schloss Oberbürg war einst ein Wasserschloss. Im Weiler Hammer stand im 14. Jahrhundert ein Messinghammerwerk. Gemütlich radeln lässt es sich auch am Ludwig-Donau-Main-Kanal (=**Alter Kanal**). Der von König Ludwig I. 1846 erbaute Wasserweg lässt sich vom Süden Nürnbergs aus bis nach Berching in der Oberpfalz verfolgen (zum neuen Rhein-Main-Donau-Kanal).

REGISTER

ORTE UND PERSONEN

▲ Die Altstadt am Abend mit den Türmchen des Tucherschlosses im Vordergrund, der Egidienkirche dahinter und der Sebalduskirche rechts.

IMPRESSUM

5. Auflage 2018
© Elmar Hahn Verlag
Raiffeisenstraße 2
D - 97209 Veitshöchheim
www.elmar-hahn-verlag.de

Idee und Konzeption:
Elmar Hahn

Gestaltung, Prepress und Bildbearbeitung:
Matthias Lotzen, Michael Glücker

Texte:
Walter Grzesiek, Nürnberg

Bildnachweis:
Alle Fotos Herbert Liedel
außer S. 5 oben, S. 9 oben, S. 16 unten, S. 17 oben, S. 18, S. 19 oben, S. 21 rechts, S. 25, S. 27 oben, S. 29, S. 30, S. 31, S. 37 oben, S. 43 unten, S. 46 oben, Umschlag hinten Elmar Hahn
Sean Pavone, Seite 10
Bildagentur Huber, Titelseite,
Bing-Hong Siao, Seite 45 links
Uwe Nicklas, Seite 45 rechts

Bereits im Elmar Hahn Verlag erschienen:

Stadtführer Nürnberg
Deutsch, Englisch
128 Seiten
€ 6,80

Nürnberg erleben
Deutsch, Englisch,
Chinesisch, Russisch
112 Seiten
€ 9,50

Nürnberg Fotoreise
Deutsch, Englisch
136 Seiten
€ 24,80

ISBN 978-3-928645-74-4

Druckerei: Benedict Press
Schweinfurter Straße 40
D-97359 Münsterschwarzach/Abtei

Alle Angaben in diesem Reiseführer wurden sorgfältig recherchiert und von Verlagsseite überprüft.
Da Fehler jedoch nicht mit letzter Sicherheit ausgeschlossen werden können, bitten wir um Verständnis dafür, dass alle Angaben im Sinne der Produkthaftung ohne Verpflichtung und Garantie erfolgen und dass Verlag und Autor keinerlei Verantwortung und Haftung für mögliche inhaltliche und sachliche Fehler übernehmen. Verlag und Autor sind bestrebt, den Reiseführer ständig weiter zu verbessern und freuen sich deshalb über Hinweise und Anregungen.
(E-Mails an: kontakt@elmar-hahn-verlag.de).